هذا الكتاب ينتمي إلى:

- - - - - - - - - - -

Copywrite @ روري شاف مارسي
الراكون على السطح

Dedicated to Aunt Laura
who found a family of
Raccoons in her crawl
space in October 2023

إهداء إلى العمة لورا التي عثرت على عائلة من حيوانات الراكون في مساحة الزحف الخاصة بها في أكتوبر 2023

Once upon a time,
in a cozy yard,
lived a curious
raccoon named Rory.

ذات مرة، في ساحة مريحة،
عاش راكون فضولي اسمه
روري.

Rory loved to explore, and today, he had his eyes on a tall tree.

أحب روري الاستكشاف، واليوم،
وضع عينيه على شجرة طويلة.

Up, up the tree,
he climbed,
his fluffy tail swaying
in the breeze.

إلى أعلى الشجرة، تسلق، وذيله
الرقيق يتمايل مع النسيم.

At the top, he saw the roof and thought, "Hmm, what's up there?"

"في الأعلى، رأى السقف وفكر، "حسنًا، ماذا هناك؟

Rory scampered onto the roof,
where the shingles tickled his paws.

هرع روري إلى السطح، حيث دغدغ القوباء المنطقية كفوفه.

Down the chimney, Rory tumbled,
landing with a soft thud!

أسفل المدخنة، سقط روري، وهبط بضربة ناعمة!

In Aunt Laura's house,
he found a cozy,
secret place to call home.

في منزل العمة لورا، وجد مكانًا مريحًا وسريًا ليعتبره موطنًا له.

Aunt Laura had no clue,
but she felt something
was not right..

لم يكن لدى العمة لورا أدنى
فكرة، لكنها شعرت أن شيئًا ما
لم يكن صحيحًا.

Rory made a nest with leaves
and twigs, snug and warm,
out of sight.

صنع روري عشًّا بأوراق الشجر والأغصان، دافئًا
ودافئًا، بعيدًا عن الأنظار.

He invited his wife,
and soon,
they had a raccoon
family of four.

دعا زوجته، وسرعان ما
أصبح لديهم عائلة راكون
مكونة من أربعة أفراد.

Aunt Laura heard
strange sounds at night,
her imagination began to soar.

سمعت العمة لورا أصواتا غريبة في الليل، وبدأ خيالها في الارتفاع.

Squeaks and giggles, little paws,
Aunt Laura's fears grew..

صرير وضحكات، كفوف صغيرة، زادت مخاوف العمة لورا..

But Rory and his
family only wanted
to be together
safe and true..

لكن روري وعائلته أرادوا فقط أن يكونوا معًا، آمنة وصحيحة..

Aunt Laura decided to peek in the crawl space, full of dread.

قررت العمة لورا إلقاء نظرة خاطفة على مساحة الزحف المليئة بالخوف.

She saw furry faces,
big eyes, and raccoon
tails, not monsters but
instead!

لقد رأت وجوهًا ذات فرو، وعيون كبيرة، وذيول الراكون، وليس وحوشًا! ولكن بدلاً من ذلك

Rory said,
"We mean no harm;
we just want to keep warm
in the cold."

قال روري: "لا نقصد أي ضرر؛
نريد فقط أن نشعر بالدفء في البرد."

Aunt Laura was nervous but
decided to trust,
their story had been told.

كانت العمة لورا متوترة لكنها قررت أن تثق، فقد تم سرد قصتهم.

She left them food and
water, blankets, and a cozy
space to sleep.

وتركت لهم الطعام والماء والبطانيات
ومساحة مريحة للنوم.

Aunt Laura's heart
softened, and her fear
began to retreat.

رق قلب العمة لورا، وبدأ خوفها يتراجع.

Winter came,
and the raccoons stayed,
safe and sound.

جاء الشتاء، وبقيت حيوانات الراكون آمنة وسليمة.

Rory's babies grew,
their fur thick and brown.

كبر أطفال روري، وأصبح فرائهم سميكًا وبنيًا.

Aunt Laura watched them play
and felt her heart swell.

شاهدتهم العمة لورا وهم يلعبون وشعرت بقلبها ينتفخ.

For she learned that sometimes,
what we fear,
can turn out so well.

لأنها تعلمت أنه في بعض الأحيان، ما نخشاه، يمكن أن ينتهي بشكل جيد.

Rory and Aunt Laura,
unlikely friends,
shared a bond so true.

In the crawl space,
under the house,
where their friendship grew.

روري والعمة لورا، صديقان غير محتملين،
يتشاركان في رابطة حقيقية.

في الفضاء الزحف، تحت المنزل، حيث
نمت صداقتهما.

And so,
Rory the Rooftop Raccoon's
story ends with a smile,.

وهكذا تنتهي قصة Rory the Rooftop Raccoon بابتسامة.

Of friends who found
warmth and love,
making life worthwhile.

من الأصدقاء الذين وجدوا الدفء والحب، مما
يجعل الحياة جديرة بالاهتمام.

Author Bio:

Marcy Schaaf grown up near this home where her parents eventually retired, they lived in this house during their 65 year marriage, the home located in Genesse, Michigan is now owned by her sister Laura!

:السيرة الذاتية للمؤلف

نشأت مارسي شاف بالقرب من هذا المنزل حيث
تقاعد والداها في نهاية المطاف، وعاشا في هذا
المنزل خلال زواجهما الذي دام 65 عامًا، المنزل
الواقع في جينيسي بولاية ميشيغان مملوك الآن
لأختها لورا!

Thank you, BYE!

اشكرك الى اللقاء!

www.ingramcontent.com/pod-product-compliance
Lightning Source LLC
Chambersburg PA
CBRC100833110726
48006CB00009B/1383